*Al aroma del tojo, al tacto del musgo, al canto de la oropéndola,
y a aquel árbol que tan solo tú y yo conocemos.*
A. N.

*A la vida que crece dentro de mí,
con amor.*
I. H.

Alex Nogués

Nací lejos del bosque, en la primavera de 1976. Desde entonces podría escribir mi biografía en un mapa de bosques y matorrales. El Moncayo, las laderas del Montseny, el Montsec, las Salines-Bassegoda, el Jura, las Gavarres… Soy padre, amante de la naturaleza, escritor y geólogo. Desde hace unos años vivo con mi familia en la Bisbal d'Empordà. Tengo la suerte de salir cada día a la naturaleza y poder compartir lo que me transmite. A veces el bosque me enseña cosas de mí mismo y del mundo que me rodea, y esto me ayuda a escribir. Hacer libros me ha permitido conocer un montón de personas fascinantes, un bosque de gente.

Ina Hristova

Nací en Bulgaria en 1988 en una pequeña ciudad llena de poesía, lavanda y viñedos. Me subía a los nogales en el jardín de mis abuelos, veía crecer las plantas y los animales, y admiraba las luciérnagas que hacían vibrar la noche. Mi tiempo verbal siempre será mi infancia, así que decidí dedicarme a la ilustración de libros, y a través de ellos sigo asombrándome, descubriendo y creciendo.

Viajé, estudié y aprendí muchas cosas en España, y un viaje a México cambió mi vida por completo. Ahora vivo en la ciudad de las orquídeas y el bosque de niebla.

Publicado por AKIARA books
Plaça del Nord, 4, pral. 1º
08024 Barcelona
www.akiarabooks.com
info@akiarabooks.com

Primera edición: febrero de 2023
Colección: Akiwow, 2
Dirección editorial: Inês Castel-Branco
Impreso en España: @Agpograf_Impressors
Todos los derechos reservados

© 2023 Alex Nogués, por el texto
© 2023 Ina Hristova, por las ilustraciones
© 2023 AKIARA books, SLU, por esta edición
Depósito legal: B 23.681-2022
ISBN: 978-84-18972-29-4

AKIARA trabaja con criterios de sostenibilidad, buscando una producción de proximidad y minimizando el uso de plásticos y el impacto ambiental.

Este producto está hecho con material proveniente de bosques certificados FSC® bien manejados y de materiales reciclados.

FSC
www.fsc.org
MIXTO
Papel
FSC® C104592

A veces el bosque...

Texto de Alex Nogués
Ilustraciones de Ina Hristova

AKIARA
books

Para leer este libro

Para leer este libro necesitas un **bosque**.
      Y un **palo** para inventarte un camino.
      Y **tiempo**. Necesitas tiempo para observar.
Para leer este libro necesitas también unas **gafas** invisibles
      con lentes de realidad aumentada.
No te apures. Esas gafas ya las tienes;
      nacieron contigo.
Con estas, el bosque, si se lo permites, te colmará de **sorpresas**.
Y tu mente rebosará de **belleza** y de **preguntas**.
      No intentes responderlas.
Para leer este libro no necesitas hacerlo.
      Ya habrá tiempo para ello.
Para leer este libro tan solo necesitas:
      un bosque,
      un palo
      y tiempo.
Y **mirar** con todos los sentidos.
Déjate **asombrar**
      y que el hallazgo te encuentre.

A veces el bosque...

...es un dibujo infantil.

La vida lleva más de tres mil quinientos millones de años jugando y experimentando. Todos los colores, todas las formas, todos los sonidos, hasta los más extraños o extraordinarios, nacen de esta larga historia de relaciones de **supervivencia** y **cooperación**. Una historia compleja que ha dado a luz a un universo infinito de **prodigios** del que apenas conocemos nada.

El bosque es un buen lugar para dejarse **asombrar** por el mundo que nos acoge.

A veces el bosque...

...está repleto de duendes japoneses.

Los **musgos** se agarran a la roca dura. Parecen almohadones
o minisetos recortados por el más minucioso jardinero.
Son una de las plantas terrestres más antiguas y sencillas que existen.
A medida que crezcan, el tejido que irá muriendo sobre la roca
será el futuro suelo para alguna pequeña planta con auténticas raíces.
El origen de todo **bosque** fue el musgo, y hoy los bosques
se lo agradecen ofreciéndole un buen lugar para vivir.
El **equilibrio** se respira en los diminutos jardines japoneses del bosque.

La **vida** es eso. Un equilibrio inestable que se reinventa a cada instante.
Millones de funambulistas dándose la mano para llegar siempre
un poco más allá.

A veces el bosque...

...es un inmenso reloj.

El **cuco** vive durante gran parte del año en África. Al llegar la **primavera**, se desplaza a Europa para criar (como las cigüeñas, las golondrinas, las oropéndolas, los abejarucos y tantos otros pájaros). Es un ave difícil de ver, pero muy fácil de detectar; su **canto**, su nombre, resuena en el bosque anunciando la primavera. «¡Cu-cu, cu-cu!». Para el cuco es crucial llegar a **tiempo**. Disfrazado de rapaz, ahuyentará a los pájaros de los nidos recién construidos, y aprovechará ese instante para cambiar uno de los huevos. Serán estos desafortunados pájaros los que criarán al enorme polluelo de cuco.

El **cambio climático** está provocando el avance de la primavera... ¿Qué pasará si el cuco llega demasiado tarde? La cantidad de cucos disminuye cada año.

El canto del cuco es la primavera en punto.
Ahora, también es un aviso de que vamos a **contrarreloj**.

A veces el bosque...

...es un mago.

La niebla atraviesa el bosque.
Las **telas de araña** atrapan la humedad
y el agua se condensa.
Una gota, dos, cien, mil, un millón.
El líquido viscoso con el que la araña
recubre las sedas y la tensión superficial
se encargan de hacer posible el **prodigio**.

Pero la tela de araña ha hecho algo más:
ha capturado lo invisible para recordarnos
que la **magia** existe y se llama vida.

A veces el bosque...

...canta y es canción.

El viento mueve las hojas. El bosque suena como un gran **aplauso**
o un clamor de voces. El ruiseñor contesta con un **concierto** imposible.
Los organismos hablan entre ellos de distintas maneras,
que poco a poco descubrimos. Las plantas no tienen oídos,
pero ¿**oyen** el mundo que las rodea?

Sabemos que algunas flores fabrican más néctar si **perciben** el zumbido
cercano de las abejas y que las raíces **detectan** los sonidos del subsuelo
y modifican su crecimiento ante estos. ¿**Captan** las raíces el rumor del arroyo?
¿**Oyen** los árboles el canto del ruiseñor? ¿**Entienden** los pájaros
los mensajes de las plantas? ¿**Canta** el ruiseñor por el simple placer de cantar?
¿Para ahuyentar la tristeza? ¿Para que lo escuche el bosque entero?

A veces el bosque...

...alberga caracoles estrellados.

Los **caracoles** son un manjar. La evolución no los dotó del don de la velocidad, por eso se protegen dentro de una **concha** dura. Aun así, muchos animales intentan comérselos. Como las luciérnagas. O los erizos, que roen con facilidad las conchas.

Y también el **zorzal**, un tímido pájaro moteado que vive durante la mayor parte del año en las profundidades del bosque. Haciendo uso de una **sabiduría** ancestral, escoge una buena piedra. Sujeta el caracol con el pico y lo golpea contra esta con rápidos movimientos de cabeza hasta quebrar la concha y así poder acceder a su nutritivo cuerpo. Con un poco de suerte y muchos paseos, encontrarás en el sotobosque estos pequeños yunques rodeados de conchas de caracol rotas. Sabrás que el zorzal anda cerca.

A veces el bosque...

...desvela secretos.

Una **salamandra** se cruza en tu camino. Imperturbable, el color negro manchado de amarillo lo dice bien claro: «Soy **tóxica**». Y su mensaje no engaña. El veneno de la salamandra es mortal para la mayoría de sus potenciales depredadores. Por suerte, no para las personas. La salamandra es un animal **extraordinario**. Si pierde la cola, esta se **regenera** en unas semanas. Si pierde una pata, esta volverá a **crecer** con todos sus dedos. Y, si pierde un ojo, lo **substituirá** por uno nuevo en algunos meses. Aún no sabemos cómo funciona este asombroso fenómeno.

El bosque guarda secretos. Un día encuentras una salamandra y en realidad te has topado con la fuente de la eterna **juventud**.

A veces el bosque...

...sueña con fuego.

Las plantas contienen **clorofila**, un pigmento que absorbe toda la luz menos la de color **verde**. La energía absorbida se utiliza para fabricar azúcares, con agua y dióxido de carbono (CO_2), un proceso al que llamamos **fotosíntesis**. ¿Y si una planta encontrara otro modo de obtener el azúcar? ¿Necesitaría entonces extender sus hojas verdes al **sol**?

Los **chupamieles** parasitan las raíces de las **jaras**, de las que succionan todo lo que necesitan. Llegado el momento, un tallo leñoso crecerá para encontrar la superficie y allí tan solo asomará un incendio de flores.

A veces el bosque...

...imagina que soy un gigante.

El bosque lo sabe: nada muere, la vida tan solo se **transforma**.
La **madera** de los árboles muertos se descompondrá a lo largo de los años.
Vendrán **hongos**, **bacterias** y hordas de **insectos** a poner sus huevos.
Las larvas de los mayores escarabajos de Europa viven durante años
en árboles ancianos y troncos caídos, alimentándose de madera.
Algún día volverá el vuelo del ciervo volador. El capricornio extenderá
sus antenas imposibles. Un rinoceronte negro caminará sobre la sabana
de hojas del sotobosque. El **árbol** les dio la armadura y la energía
para encontrar pareja y viejos árboles para continuar viviendo
de otro modo, en otro cuerpo.

A veces el bosque...

...esconde el nacimiento de la luz.

¿Has visto alguna vez el centelleo de las **luciérnagas** surgiendo de la oscuridad en el linde de un bosque? Las luciérnagas son escarabajos capaces de emitir **luz** para encontrar pareja. Las larvas viven en lugares húmedos y oscuros, alimentándose de caracoles y babosas. También emiten luz, quizás para advertir que no son un bocado apetitoso.

La vida es así de sorprendente, capaz de convertir un caracol en los destellos de luz que iluminarán las felices noches de **verano**.

A veces el bosque...

...contiene otros bosques en miniatura.

Sobre la corteza de los árboles crecen el **musgo** y los **líquenes**. Algunos recuerdan pequeños árboles. Si miras ese pequeño mundo con una lupa, verás animales que nunca habías visto antes. Quizás jamás se desplazarán más allá de las fronteras de ese bosque en **miniatura** que crece en el extremo de la rama de un roble que crece en el bosque que acoge tus aventuras y paseos.
En el agua atrapada entre las hojas del musgo, un microscopio te revelará otro mundo lleno de vida, poblado por **organismos** algo mayores que una célula.

Desde el espacio, nuestro **planeta** no es más que una minúscula esfera donde conviven organismos-océano y organismos-bosque.

A veces el bosque...

...espera que escriban sobre él.

La corteza de **abedul** parece papel. De hecho, en la antigüedad, se utilizó como soporte para la escritura. Se han encontrado algunos documentos escritos en corteza de abedul con casi dos mil años de antigüedad. La palabra *libro* tiene su origen en el término latino *liber*, que significa 'la parte interior de la corteza de los árboles'. En inglés, *book* viene del término anglosajón *bok*, que significa 'haya', otro árbol con una corteza que también fue utilizada para escribir en ella.

La **seta barbuda** crece en los bosques claros. Primero es blanca como el papel. Una vez se abre el sombrero, queda cubierto de escamas y comienza a oscurecerse. En pocas horas se deshará, convirtiéndose en un fluido denso y negro, rico en esporas. En la Edad Media, los monjes recolectaban estas setas y dejaban que se licuaran para escribir con su tinta en el *scriptorium* de los monasterios.

El bosque no solo te ofrece miles de historias y momentos de asombro. Te da la **tinta** y el **papel** si los necesitas.

A veces el bosque...

...está invadido por los extraterrestres.

Investigaciones recientes han demostrado que los **líquenes** que habitan en la Antártida son capaces de realizar la fotosíntesis en condiciones tan adversas como las de la atmósfera de Marte.

Un liquen no es un organismo; es una asociación de seres vivos. Al menos un **hongo**, un **alga** y, a menudo, una **levadura** se juntan para tener más posibilidades de sobrevivir.
Toman una forma única, muy distinta a la que tendrían si vivieran por separado. Cada uno hace su trabajo. El hongo protege el alga con su coraza, manteniendo un pequeño mar en su interior.
Le ofrece minerales que obtiene del substrato sobre el que se adhiere y que disuelve con lentitud. El alga fabrica azúcares y los comparte con el hongo. Compañeros separables, sí, pero que **juntos** viven mejor.

Si te paras a pensar, la vida sobre la **Tierra** es un inmenso liquen.

A veces el bosque...

...bromea.

Hay muchas plantas espinosas en el bosque. Un paseo que se precie debe ir siempre acompañado de algún que otro rasguño y de unos cuantos aguijonazos.

El **rusco** es una planta engañosa. Sus tallos tiernos, al brotar, recuerdan a un espárrago, pero no lo son. Al expandirse y crecer, toda la planta reverdece, pero es leñosa. Las **flores** son diminutas y pasan desapercibidas. Al ser fecundadas, dan lugar a unos **frutos** rojos de aspecto suculento, pero que no son comestibles. Estos frutos crecen en medio de las **hojas**. ¿Cómo? ¿En medio de las hojas? No. Esto no puede ser. Y es que lo que parecen hojas en el rusco no lo son. Son **tallos** con forma de hoja, duros y puntiagudos, que dejan sobre nuestra piel pequeñas cicatrices, señales de la aventura.

A veces el bosque...

...es un restaurante de miles de estrellas.

Fresas, moras, frambuesas, higos, endrinos, madroños, almezas, escaramujos, arándanos.
Piñones, nueces, castañas, hayucos, avellanas.
Níscalos, rebozuelos, boletus, trompetas de la muerte, amanitas de los césares.
Ortigas, espárragos, hojas de tilo, quesos de malva, hierba ajera, llantén, diente de león.
Flores de saúco, de espino albar, de violeta, de trébol, de falsa acacia.
La savia del arce, del abedul.

El bosque nos abre sus puertas y nos ofrece manjares y remedios para nuestros males. El único pago requerido: **coger** tan solo lo necesario, **respetar** y no malgastar lo tomado, y dar **gracias** por el regalo.

A veces el bosque...

...exhibe obras de arte.

Un tronco caído. La corteza se ha desprendido.
Sobre la madera aparecen cincelados **dibujos** geométricos.
¿Qué explican? Como los jeroglíficos en el interior
de una pirámide, nos cuentan cosas sobre el pasado.
Las galerías, durante años, fueron el hogar de larvas
de escarabajos que se alimentan de madera.
Larvas que nacieron en la oscuridad del interior del árbol
y que un día renacieron en el bosque.

Junto al tronco, las grandes hojas de una bardana
aparecen pintadas con **líneas** blanquecinas que recuerdan
grafitis. Son las **firmas** que van dejando las orugas minadoras
a su paso, mientras se comen las tiernas células del interior
de la hoja.

Así, sin pretenderlo, las presencias del bosque exponen
su **arte** a los ojos de las personas.

A veces el bosque...

...se duerme.

En **verano** el bosque parece dormido. El suelo cruje a nuestro paso, abandonado por la humedad. Las cigarras cantan su nana estridente. El bosque se ha **retirado** a las hondonadas frescas, a dos metros bajo tierra o al borde del río. Allí pasará el verano en forma de libélulas, de renacuajos, del restallido azul de un martín pescador. **Aguardará** las lluvias en compañía del río, la lombriz de tierra y las raíces de la montaña.

...nos cuenta su historia.

Un **tronco** cortado nos muestra decenas de **anillos**. Cada anillo marca un año en el crecimiento del árbol. La parte viva de un árbol es tan solo la última capa más superficial del tronco, justo bajo la corteza. En su interior, la madera clara es la que creció en las primaveras pasadas, y la madera oscura, en antiguos veranos y otoños. El árbol nos cuenta que hubo años en que pudo crecer más rápido. Otros, muy difíciles, en los que apenas pudo. Nos explica su **infancia** y su **madurez**. Si superó largos períodos de sequía. Si creció inclinado durante unos años. Si tuvo heridas mal curadas, o si venció alguna infección. Si sufrió el ataque de los insectos, o si sobrevivió a un incendio.

El árbol vive el presente abrazando la **historia** del bosque.

...es un juego de pistas.

Una piña roída en el suelo del bosque. ¿Ha sido
una ardilla o un ratón? ¿O quizás fue un piquituerto?
A su lado, unas huellas. ¿De jabalí o de corzo?
Sigues el **rastro**. Parece que saltó o apretó el paso.
Una pluma marrón moteada de blanco. ¿De quién será?
Sobre una roca te tropiezas con un excremento alargado.
¿De zorro o de gineta?

Una pista lleva a la otra y todo son nuevas **preguntas**;
una yincana sin fin. ¿El premio? Ver más allá de lo evidente.
Presenciar lo que fue. Suponer lo que será. Transformar
el asombro en **curiosidad** y la curiosidad en **aprendizaje**.

Aprender te mostrará nuevas maneras de **observar**
el mundo. Y ese es un tesoro que nadie podrá arrebatarte.

A veces el bosque...

...está de fiesta.

Otoño. Tras el abrasador verano, las lluvias y los días más cortos devuelven el contraste y los **colores**. Los arces, los robles, los abedules y las hayas empiezan a decorar el dosel del bosque. Las hojas enceradas de las encinas brillan como nuevas. Brotan las **setas**. Los boletus recién nacidos del suelo tienen la misma forma que un tapón de cava. Las **cladonias** reaparecen por doquier; miles de pequeñas trompetas anunciando la buena nueva: ¡El otoño ya está aquí! Horas felices. Aún algo cálidas y húmedas. Los árboles se disfrazan de **musgo** y **liquen**. El viento hace bailar las copas de los árboles. Cae confeti de bellotas y castañas. Ha empezado la **fiesta**. ¿Te la vas a perder?

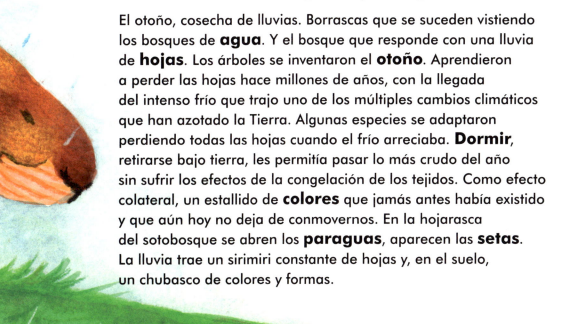

...inventa la lluvia y los paraguas.

El otoño, cosecha de lluvias. Borrascas que se suceden vistiendo los bosques de **agua**. Y el bosque que responde con una lluvia de **hojas**. Los árboles se inventaron el **otoño**. Aprendieron a perder las hojas hace millones de años, con la llegada del intenso frío que trajo uno de los múltiples cambios climáticos que han azotado la Tierra. Algunas especies se adaptaron perdiendo todas las hojas cuando el frío arreciaba. **Dormir**, retirarse bajo tierra, les permitía pasar lo más crudo del año sin sufrir los efectos de la congelación de los tejidos. Como efecto colateral, un estallido de **colores** que jamás antes había existido y que aún hoy no deja de conmovernos. En la hojarasca del sotobosque se abren los **paraguas**, aparecen las **setas**. La lluvia trae un sirimiri constante de hojas y, en el suelo, un chubasco de colores y formas.

A veces el bosque...

...se extiende como el mapa de miles de mundos.

La corteza de un pino piñonero se desprende en lascas que recuerdan a las islas o los continentes de un **mapa** antiguo. En el tronco de un roble vecino, el musgo y los líquenes crecen a resguardo de la luz directa del sol, ayudando al desorientado a encontrar el **norte**. En el suelo, **caminos** trazados por el paso repetido de los jabalíes se cruzan con caravanas de hormigas. En una rama, el arrendajo grazna. Quizás está contando en voz alta. Se esmera en guardar bellotas en miles de **escondites**, trazar el mapa de su tesoro y almacenarlo en su pequeño cerebro. Durante los meses venideros, irá recuperando las bellotas, en una de las más prodigiosas demostraciones de **memoria** del mundo animal.

A veces el bosque...

...refugia legiones de futuros.

Si giras una hoja de **helecho**, podrás ver pequeñas semiesferas hechas de multitud de estructuras esféricas más pequeñas. Están adheridas, formando filas ordenadas a lo largo de los nervios de la hoja. Las semiesferas mayores se llaman **soros** y las más pequeñas, **esporangios**. Cada uno de ellos almacena en su interior decenas de **esporas**, y cada una de esas esporas podrá llegar a convertirse en un helecho.

Si una sola hoja de helecho puede lanzar centenares de miles de esporas…, ¿por qué el mundo no está cubierto de helechos?

A veces el bosque...

...despliega diminutos campos de golf.

Los **pedos de lobo** son unas setas muy curiosas. Aparecen por doquier cuando se dan las condiciones adecuadas. Primero serán pequeñas bolas compactas del tamaño y el color de una **pelota de golf**. Su superficie aparece perlada, como si le hubieras dado la vuelta por completo a la pelota, convirtiendo sus pequeños hoyuelos en protuberancias. Poco a poco irán madurando. El color se irá tostando y las perlas acabarán desapareciendo. El interior se irá reblandeciendo, convirtiéndose en una masa polvorienta de **esporas**. Al final, la parte superior se romperá, dejando abierto un **hoyo**. La seta esperará a que la lluvia llegue. Las gotas repiquetearán sobre ella y, con cada golpe, una erupción de esporas reclamará el aire.

A veces el bosque...

...propaga mundos de magma.

El **madroño** florece en otoño, al mismo tiempo que maduran los frutos que surgieron de las flores del año anterior. De aspecto incandescente, sus **frutos** decoran el bosque y dan alimento a los pájaros cuando este empieza a escasear. El néctar y el polen de sus **flores** alimentan a los últimos abejorros del año. Su nombre científico no podría ser más preciso: *Arbutus unedo*, «arbusto cómete solo uno». Los frutos deben consumirse con **moderación**.

El madroño nos enseña: toma alguno para ti y deja que el resto vuele con los pájaros.

A veces el bosque...

...es un reino humilde.

Cuando se acerca el final del otoño, las **jóvenes reinas abejorro** salen del nido. Su madre ha muerto. Sus hermanas obreras, también. Sus hermanos, los zánganos, morirán pronto. Tan solo ellas, las futuras reinas, sobrevivirán al año nuevo. Son grandes y lanudas como un oso de peluche. Sus zumbidos puntean la quietud del bosque. Comen de las pocas flores que quedan y toda su energía la invierten en buscar un rincón, un agujero o un buen montón de hojas donde guarecerse e **hibernar**. De su elección dependerá su supervivencia. El bosque será su **reino**.

A veces el bosque...

...se torna cerebro.

Si levantas la mirada en **invierno** en un bosque caducifolio, verás infinidad de **ramas** desnudas que se extienden, se bifurcan, dibujando un enorme fractal, en busca de la luz. Bajo tierra, las **raíces** hacen algo parecido, a la búsqueda de agua, minerales y hongos con los que asociarse.
Los **hongos**, a su vez, se extienden por cada milímetro de suelo; sus fibras son tan finas y complejas que parecen neuronas. Un hongo es un organismo en potencia de dimensiones ilimitadas. Por él fluye la electricidad. A cada instante, cada ápice de cada raíz, cada extremo de cada hifa de cada hongo están tomando decisiones y comunicándolas al resto.

¿No serán las raíces de los árboles y los hongos el enorme **cerebro** del bosque?

A veces el bosque...

...desata su belleza feroz.

En un instante, la preciosa becada que buscaba gusanos bajo
las hojas muertas se ha convertido en un amasijo de plumas.
¿Ha sido **presa** de un ave rapaz? ¿De un zorro? ¿O de un ser humano?
En el bosque resuenan disparos. Se oyen los ladridos y aullidos
de los sabuesos. Aquí y allá te tropiezas con cartuchos de escopeta.
La naturaleza lo sabe: todo es **comida**. El bosque no juzga
al lobo feroz ni a los disparos del hambriento. La belleza del gusano
se convertirá en la belleza de la becada, que se transformará
en la belleza del zorro. Tarde o temprano, la belleza del zorro
será gusano de nuevo.

Pero ¿qué belleza hay en la **muerte** por diversión?
¿En qué se transforma el cazado cuando muere por avaricia?
El bosque teme el estruendo de las escopetas porque
a menudo anuncian la muerte de la **belleza**.

A veces el bosque...

...se calla.

Nieva. Todo se acalla. No hay zumbidos, ni trinos, ni crujidos en la espesura. Unas huellas nos revelan una escena enmudecida. Tan solo se oye el crepitar de tus propios pasos sobre la nieve. Si construyeras una **cabaña**, aquí, en este bosque, le pondrías un **tejado** en forma de uve invertida. Si lo hicieras plano, acabarías encontrándote el tejado y centenares de kilos de nieve sobre la cama. Los **abetos** se encontraron con el mismo problema y lo solucionaron millones de años antes que nosotros. Con su **forma cónica** evitan que la nieve se acumule hasta el límite de quebrarles las ramas.

Aun en el más cerrado de los **silencios**, el bosque siempre tiene algo que contarnos.

A veces el bosque...

...se enraíza en las nubes.

En **invierno** las hojas se marchitan y el cielo envuelve las ramas desnudas. El bosque **hiberna**. La savia se ha retirado. Bajo tierra, los árboles siguen viviendo al ralentí. Como si el mundo se hubiera dado la vuelta, el bosque se **enraíza** en la puesta de sol. Las ramas serán ahora los ojos de los árboles. Detectarán las horas de **luz**, su intensidad, las sombras del entorno. Las ramas leerán el cielo. Sabrán de la llegada de la primavera interpretando los matices de la luz y llamarán al cuco para que anuncie que todo está en orden. Empieza un nuevo año para el bosque.

A veces el bosque...

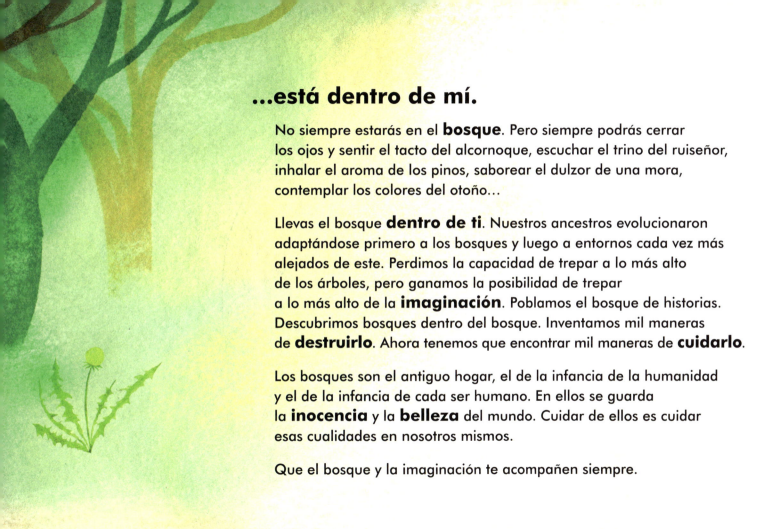

...está dentro de mí.

No siempre estarás en el **bosque**. Pero siempre podrás cerrar los ojos y sentir el tacto del alcornoque, escuchar el trino del ruiseñor, inhalar el aroma de los pinos, saborear el dulzor de una mora, contemplar los colores del otoño…

Llevas el bosque **dentro de ti**. Nuestros ancestros evolucionaron adaptándose primero a los bosques y luego a entornos cada vez más alejados de este. Perdimos la capacidad de trepar a lo más alto de los árboles, pero ganamos la posibilidad de trepar a lo más alto de la **imaginación**. Poblamos el bosque de historias. Descubrimos bosques dentro del bosque. Inventamos mil maneras de **destruirlo**. Ahora tenemos que encontrar mil maneras de **cuidarlo**.

Los bosques son el antiguo hogar, el de la infancia de la humanidad y el de la infancia de cada ser humano. En ellos se guarda la **inocencia** y la **belleza** del mundo. Cuidar de ellos es cuidar esas cualidades en nosotros mismos.

Que el bosque y la imaginación te acompañen siempre.